DAISY GRÄFIN VON ARNIM

Meine liebsten himmlischen Köstlichkeiten

Bibliografische Information der Deutschen Nationalbibliothek.
Die Deutsche Nationalbibliothek verzeichnet diese Publikation in der
Deutschen Nationalbibliografie; detaillierte bibliografische Daten
sind im Internet über http://dnb.dnb.de abrufbar.

ISBN 978-3-86827-702-9
© 2018 by Verlag der Francke-Buchhandlung GmbH
35037 Marburg an der Lahn
Umschlagbild: © iStockphoto.com / Mila_1989 & Mervana
Bildnachweise:
Privat: S. 9, 11, 13, 19, 21, 23, 25, 27, 33, 35, 37, 39, 41, 43, 45, 47, 51, 53, 55, 57, 59,
63, 65, 67, 71, 73, 75, 77, 79, 81, 83
Adelheid Christopeit: S. 15; Elisabeth Eberle: S. 89, 91, 93, 95;
Beatrice Kühnke: S. 69; dreamstime.com: S. 87; Pixabay.com: S. 29
Umschlaggestaltung: Verlag der Francke-Buchhandlung GmbH
Satz: Verlag der Francke-Buchhandlung GmbH
Printed in Czech Republic

www.francke-buch.de

Inhaltsverzeichnis

Liebe Leserin, lieber Leser,

zu dem Thema „Apfel" bin ich gekommen wie die Jungfrau zum Kinde. Auf der Suche nach einer Geschäftsidee fuhr ich im Jahr 2000 einen alten Feldweg hinter unserem Haus entlang, den ein Teppich von Äpfeln bedeckte. Mit einem Schlag wusste ich, dass das Material, das direkt vor meiner Haustür herumlag und verfaulte, eigentlich nur konserviert und weiterverarbeitet werden musste. Es entstanden daraus eine Mosterei und viele köstliche Apfel-Delikatessen. Inzwischen ist auch ein Apfel-Café hinzugekommen, in dem wir unsere Gäste vor Ort bewirten und verwöhnen können.

Es macht mir viel Freude, immer wieder neue Produkte und Gerichte rund um den Apfel zu kreieren. Gott hat den Menschen geschaffen, um zu kreieren und nicht zu kopieren. Für jeden von uns gilt es, seine schöpferischen Gedanken in die Tat umzusetzen, davon bin ich zutiefst überzeugt. Und so pflanze, begieße und ernte ich nun schon seit etlichen Jahren Ideen rund um den Apfel. Inzwischen sind einige Bücher erschienen, in denen ich aus meinem Leben erzähle und Rezepte weitergebe. Meine liebsten himmlischen Köstlichkeiten finden Sie jetzt in diesem Geschenkband versammelt.

Viel Freude beim Erkunden und Genießen wünscht Ihnen
Ihre
Daisy von Arnim

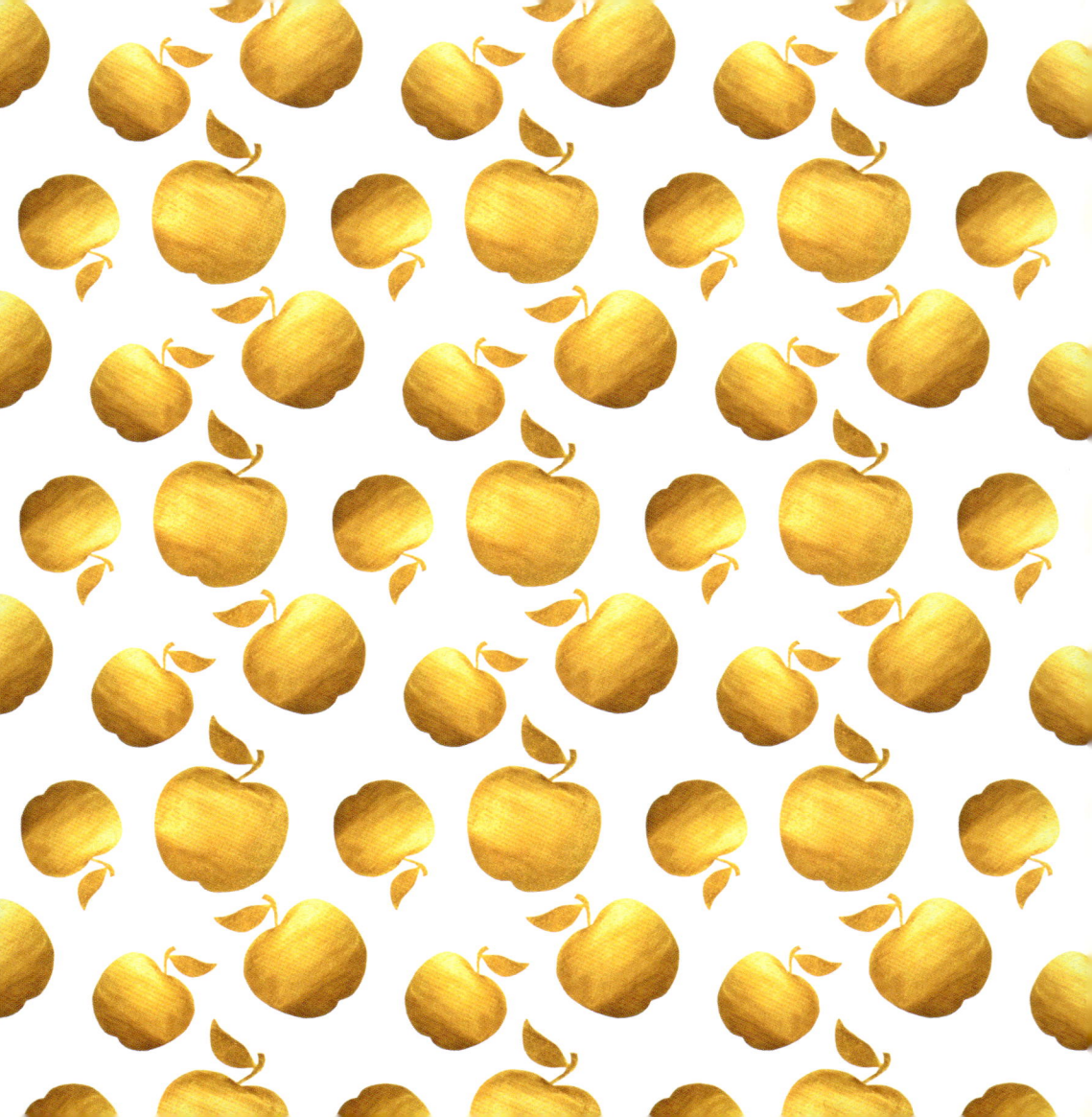

Getränke

Apfelsaft mit Campari

ZUTATEN:

Apfelsaft
1 Schuss Campari
frische Minze zur Dekoration

ZUBEREITUNG:

Statt Campari-Orange serviert man einen eisgekühlten
Apfelsaft mit einem Schuss Campari darin.
Mit einem grünen Minzeblättchen dekorieren.
In Sektgläsern eisgekühlt servieren.

Heißer Apfelsaft mit Amaretto

ZUTATEN:

Apfelsaft
1 Schuss Amaretto
Schlagsahne nach Belieben

ZUBEREITUNG:

Apfelsaft wird auf 60° erhitzt.
Dazu ein Schuss Amaretto-Likör.
Geschlagene Sahne als Häubchen obendrauf geben.

Apfel-Kokos-Mint-Mix-Drink

ZUTATEN:

Apfelsaft und Kokosmilch zu gleichen Teilen
1 Handvoll frische zarte Pfefferminzblättchen
1 Schuss Orangensaft

ZUBEREITUNG:

Pfefferminzblätter klein schneiden und zusammen mit einem
Schnapsglas Apfelsaft pürieren.
Apfelsaft und Kokosmilch mit dem Handmixer vermengen.
Pfefferminzmasse und Orangensaft hinzufügen.
Wird Schaum gewünscht, schneller rühren. Der Schaum wird
so fest, dass man ihn löffeln kann.
Als Krönung geschlagene Sahne obendrauf geben.

Neujahrspunsch

ZUTATEN:

1 l schwarzer starker Tee
100 g brauner Zucker
500 g Äpfel
1/2 Ananas
1 Limette

1 Stange Zimt
2 Gewürznelken
3 Korianderkörner
3 Pimentkörner
250 ml Calvados

ZUBEREITUNG:

Den fertig zubereiteten schwarzen Tee zusammen mit
braunem Zucker, den in Scheiben geschnittenen Äpfeln,
der in Stücke geschnittenen Ananas, dem Limettensaft, der
Zimtstange, den Gewürznelken, Koriander- und Pimentkör-
nern aufkochen. Zum Schluss den Calvados zufügen und alles
durch ein Sieb seihen. Heiß servieren.

Vorspeisen

Ziegenkäse auf Apfel

ZUTATEN PRO PERSON:

1 dicke, große Scheibe Apfel – z. B. Boskop
großzügig frischer oder getrockneter Thymian
50 g oder 1 Scheibe Ziegenkäse
brauner Zucker

ZUBEREITUNG:

Die Apfelscheibe mit reichlich Thymian bestreuen.
Darauf Ziegenkäse würfeln/bröseln.
Alles mit braunem Zucker bestreuen.
25 min bei 180° im vorgeheizten Ofen backen.
Warm servieren.

Lachstatar mit Apfel-Meerrettich

ZUTATEN:

1 geräucherter Lachs in Scheiben
1 frischer Meerrettich
3 Äpfel
Pumpernickel

ZUBEREITUNG:

Das Lachsfleisch wird durch den Fleischwolf gedreht
und auf Pumpernickelscheiben verteilt.
Meerrettich und Äpfel werden gerieben, miteinander verrührt
und als Häubchen auf die Lachsschnitten gegeben.

Drei Apfel-Süppchen — auch in eins

ZUTATEN:

1 große Zwiebel
1 TL Butterschmalz
1 l Apfelsaft
5 Möhren, etwas Curry und Ingwer
5 Rote Bete Knollen, etwas Meerrettich
5 Tomaten, Tomatenmark, Paprika und italienische Kräuter

ZUBEREITUNG:

In dieser Suppe werden je nach Geschmack feingeraspelte Möhren mit Curry und Ingwer oder feingeschnittene Rote Bete mit Meerrettich oder pürierte Tomaten mit Tomatenmark, Paprika und italienischen Kräutern gegart. Mit Salz und Pfeffer erst abschmecken, wenn die Suppen sämig sind. Alle drei Suppen schmecken für sich sehr gut, doch man kann sie auch untereinander mischen: am besten beim Servieren zu drei gleichen Teilen in eine Schale gießen und leicht ineinander verrühren. Das macht nicht nur Kindern Spaß!

Schnelle Kürbissuppe

ZUTATEN:

1 Glas Kürbispüree
1 Becher Schlagsahne
gekörnte Gemüsebrühe
Petersilie

ZUBEREITUNG:

Ein Glas Kürbispüree (aus dem Bioladen) mit 200 ml Schlagsahne verrühren. Mit gekörnter Gemüsebrühe abschmecken,
erhitzen und anschließend mit etwas Petersilie dekorieren.
Fertig!
Alternative: Man kann auch zwei Dosen Mais pürieren und
einen Becher Sahne hinzufügen. Auch diese Mischung mit
gekörnter Gemüsebrühe abschmecken, dekorieren und fertig.

Herz an Herz auf Rosawolkenbett

ZUTATEN UND ZUBEREITUNG:

Große Rote Bete als Ganzes weich kochen (ca. 45 min).
Abschrecken, schälen und in dünne Scheiben schneiden.
Mit Keksausstecher Herzen ausstechen.

1 TL Meerrettich,
2 TL Apfelmus und
2 TL Schmand vermengen.

Ein paar Tröpfchen Saft der Roten Bete dazugeben,
sodass die Crème leicht rosa wird.

Herzen „cheek to cheek" an die Crème legen,
etwas Preiselbeergelee zur Glanzverleihung und
Geschmacksabrundung dünn auf die Herzen streichen.
Mit einem Zweiglein Dill dekorieren
und fertig ist die herzvolle Vorspeise.

Kann am Tag zuvor vorbereitet werden.

Die grüne Salatsauce

ZUTATEN UND ZUBEREITUNG:

Alles, was an Kräutern greifbar ist –
glatte Petersilie (herzstärkend),
Borretsch (Gute-Laune-Kraut), Schnittlauch (wenig),
Pfefferminze, Zitronenmelisse, Dill, die pfeffrigen Blätter
der Kapuzinerkresse, Liebstöckel etc. –
im Mixer mit 1/2 Tasse Apfelsaft pürieren.
Eine Emulsion aus 4 EL Walnussöl und dem Saft einer halben
Zitrone durch kräftiges Rühren erzeugen.
Das grüne Püree und 150 g Schmand dazugeben.
Die Süße erst jetzt nach Geschmack hinzufügen,
z. B. mit Honig oder Apfelkraut.
Salzen ganz zum Schluss, da durch die Kräuter eine minerali-
sche Würze entsteht, die starker Zutaten nicht mehr bedarf.

Hauptspeisen

Himmel und Erde

ZUTATEN:

1 kg Kartoffeln
1 kg saure, feste Äpfel (Boskop)
100 g durchwachsener Speck
2 Zwiebeln
Mettwurst oder grobe Leberwurst oder grobe Bratwurst

ZUBEREITUNG:

Kartoffeln schälen, in Würfel schneiden und in wenig Wasser kochen. Auch die Äpfel schälen, würfeln und zusammen
mit den halbgaren Kartoffeln weichkochen. Den Speck klein
schneiden, leicht anbraten. Die in Ringe geschnittenen Zwiebeln mit dem Speck zusammen kross braten und über Äpfel
& Kartoffeln geben. Dazu reicht man Mettwurst – in Scheiben
geschnitten oder gebraten – oder grobe Leberwurst
oder grobe Bratwurst.

Kartoffelpuffer von rohen Kartoffeln

ZUTATEN:

1 kg Kartoffeln
1 Zwiebel
2 Eier
2 gehäufte EL Haferflocken
Salz und Pfeffer

ZUBEREITUNG:

Die rohen Kartoffeln schälen und fein reiben.
Die Zwiebel in ganz kleine Stücke würfeln und mit den Eiern
und den Haferflocken zur Kartoffelmasse geben.
Salzen und pfeffern nach Geschmack und alles gut
durchrühren. Jeweils eine Schöpfkelle von dem Teig in
einer Pfanne zu einem Fladen formen und von beiden Seiten
goldbraun backen. Apfelmus, Apfel-Birnenkraut und/oder
ein grüner Salat ergänzen das Ganze perfekt.

Apfel-Zwiebel-Pizza

ZUTATEN:

Hefeteig aus 250 g Mehl
500 g Zwiebeln oder Lauch
180 g Katenschinken
4 kleine Äpfel
200 ml Apfelsaft
100 g frisches Apfelmus
2 EL Apfelkraut

200 g Frischkäse
1 Ei
1 Paprikaschote
geriebener Käse
Salz, Pfeffer, Muskat, Kardamom
Salzbrezelchen zur Dekoration

ZUBEREITUNG:

Zwiebeln/Lauch in feine Ringe schneiden und mit dem Schinken andünsten. Mit Apfelsaft leicht bewegt 15 min lang einkochen lassen.
Ein eingefettetes Backblech mit Hefeteig auslegen und das Apfelkraut darüber streichen. Zwiebelmasse, Apfelmus, Frischkäse, Ei und gewürfelte Paprika vermengen, mit Salz, Pfeffer, Muskat und Kardamom pikant abschmecken und zur Hälfte auf den Teig geben. Apfelscheiben darüber verteilen und mit der übrigen Zwiebelmasse bedecken, mit geriebenem Käse bestreuen und kleinen Brezeln dekorieren. Bei 225° 10 min, bei 175° weitere 40 min backen. Kann heiß, lauwarm oder kalt gegessen werden, lässt sich einfrieren und gut aufbacken, da der Belag dafür saftig genug ist.
Ein erneutes „Make-up" mit geraspeltem Gouda wird nicht schaden.

Gefüllter Hackfleisch-Apfel

ZUTATEN FÜR 2 PERSONEN:

4 Äpfel
200 g gewürztes Hackfleisch (Hackepeter oder Thüringer Mett)
1 Paprika
1 Ei
Zarte Haferflocken zum Binden

ZUBEREITUNG:

Den Deckel der Äpfel abschneiden, das Kerngehäuse entfernen und
einen Großteil des Fruchtfleisches aushöhlen. Fruchtfleisch
zerkleinern und zum Hack geben. Paprika sehr klein hacken
und zusammen mit dem Ei untermengen.
Die Haferflocken zum Binden drüberstreuen.
Alle Zutaten gut vermischen. Die Masse in die ausgehöhlten
Äpfel füllen und 30 min bei 200° auf mittlerer Schiene garen.
Dazu grünen Salat mit einer Essigsoße.
Das Gericht sättigt lange und gut, ohne ein Völlegefühl
zu hinterlassen.

Rindfleisch mit Apfelkraut

ZUTATEN FÜR 2 PERSONEN:

500 g Rinder- oder
Wurstgulasch
100 ml Rotwein
100 ml braunes Bier
100 ml Bouillon

1 Zwiebel
2 Möhren
100 g Apfelkraut
2 Nelken
2 Lorbeerblätter

ZUBEREITUNG:

Gulasch anbraten und mit Rotwein, Bier und Bouillon ablöschen.
2 Stunden schmoren lassen, bis das Fleisch weich ist.
Fleisch aus dem Topf nehmen und die Zwiebel, die Möhren und
das Apfelkraut dazugeben. Mit Nelken und Lorbeerblättern würzen.
Bei offenem Topf runterköcheln, bis Soße entstanden und Zwiebeln
und Möhren gar sind. Dazu Apfelkompott, Kartoffeln oder Nudeln
und einen Salat reichen.

Schmetterlingssteak mit Cumberlandsauce

ZUTATEN UND ZUBEREITUNG:

Dieses zarte, fettarme Schweinesteak wird aus dem Lachs geschnitten. Man lässt es am besten gleich beim Einkauf durch den Metzger zu zwei Dritteln durchschneiden und aufklappen, sodass die schmetterlingsähnliche Form entsteht. Das Steak eignet sich zum Kurzbraten und bleibt zart, wenn man es erst würzt, nachdem sich die Poren geschlossen haben. Zum Braten empfiehlt sich Butterschmalz, das einen hohen Rauchpunkt hat. Der leichte Buttergeschmack unterstützt das Brataroma. Der Schmetterling wird von beiden Seiten scharf und kurz angebraten. Danach mit frisch gemahlenem groben Pfeffer, Salz, Paprika und – je nach Geschmack – mit Kräutern der Provence und Knoblauch würzen. Maximal 3 min bei mittlerer Temperatur auf beiden Seiten nachgaren.

Für die Sauce 200 g rotes Johannisbeergelee, 2 EL Orangensaft, 1 EL Portwein, 1 TL mittelscharfen Senf und 1 TL geriebene Zitronenschale verrühren, abschmecken, fertig!

Wildschweinrücken mit Rotkohl und Kartoffeln

ZUTATEN:

1 Wildschweinrücken
1 Glas Rotkohl
1 Glas Kirschen
eine Handvoll Datteln
Kartoffeln

Apfelkraut oder Zuckercouleur zum
Bräunen der Soße
1 Becher Sahne
1 Tüte Jägersoße
gekörnte Gemüsebrühe
1 Tüte Apfelchips

ZUBEREITUNG:

Den Wildschweinrücken mit etwas Wasser im Bräter im Ofen bei 225° ca.
3 Stunden braten. Nach 2,5 Stunden Deckel abnehmen und nachbräunen
lassen. Fleisch aus dem Bräter nehmen, etwas abkühlen lassen und mit den
Händen von den Knochen lösen. Das Fleisch ist noch nicht gar, wenn es sich
nicht ablösen lässt. Den Bratensud mit einem Becher Sahne und ebenso viel
Wasser ablöschen und mit der Jägersoße andicken. Die in der Tüte klein-
gedrückten Apfelchips zufügen und quellen lassen. 1 TL gekörnte Gemüsebrühe einrühren, abschmecken und fertig. Der Clou ist die Soße. Man kann
sie nachbräunen, indem man Apfelkraut oder Zuckercouleur hinzufügt oder
den Sud herunterköchelt und dann erst mit der Sahne ablöscht. Um an
Weihnachten nicht so viel Bratengeruch in der Küche zu haben, mache ich
alles am Vortag fertig. Das Glas Rotkohl mit den abgetropften Kirschen und
den kleingeschnittenen Datteln erhitzen. Dazu Kartoffeln. Zu Wildschwein
passt am besten Rotwein.

Vierbeinige Gans

ZUTATEN:

1 mittelgroße Gans und 2 Gänsekeulen
1 Dose Maronen
6 Äpfel (Boskop)
je 1 EL Salz, Majoran, Beifuß und Thymian

ZUBEREITUNG:

Die ausgenommene Gans vom Pürzel und von der Fettschicht befreien, kalt ausspülen und innen mit Salz einreiben. Die Zusatzkeulen mit Küchengarn dort annähen, wo sich die Flügel befanden. Die Gans mit Maronen und 6 geviertelten Boskop-Äpfeln füllen. Mit Salz und viel Majoran, Beifuß und Thymian würzen. Zunähen oder klammern nicht vergessen! Bei 275° etwa 1 Stunde lang in die Backröhre, bis die Haut braun wird. Dann 2 Stunden bei 150° weiterbraten und zwischendurch immer mit dem Bratensaft begießen. Falls die Bräune nicht ausreicht, mit Apfelkraut bestreichen. Für die Soße das Fett abgießen.
Dazu Kartoffelklöße und Rotkohl, der in Apfelsaft gekocht wurde, reichen.
Rotkohl aus dem Glas mische ich gern mit einem Glas Apfelmus.

Nachspeisen

Kleine Apfelpfannkuchen

ZUTATEN:

250 g Mehl
300 ml Milch
1 Tüte Trockenhefe
2 EL Zucker
etwas Salz
3 Eigelb + 3 Eiweiß
1/4 TL Zimt

ZUBEREITUNG:

Mehl, lauwarme Milch, Hefe, Zucker, Eigelb und Zimt verkneten und
gehen lassen. Äpfel in Scheiben schneiden. Eiweiß mit Zucker und
Salz steif schlagen und unter den Teig heben. Esslöffelweise den
Teig in der Pfanne zu kleinen Plinsen (Eierpfannkuchen) backen.
Erst den Teig, dann die Apfelscheibe draufgeben.
Von jeder Seite 4 min backen. Mit Crème fraiche, Vanillesoße,
Schmand oder Eis anrichten. Oder einfach nur pur!

Aprikosenäpfel

ZUTATEN:

6 Äpfel
200 g Marzipan
100 g getrocknete Aprikosen
700 ml trockener Weißwein
100 g Mandelplättchen

ZUBEREITUNG:

Äpfel aushöhlen. Marzipan zu einer Wurst formen und in die Äpfel
drücken. Aprikosen in Weißwein aufkochen, etwas quellen lassen
und pürieren. Die flüssige – eventuell mit Apfelsaft verlängerte –
Soße in eine feuerfeste Form gießen und die Äpfel hineinsetzen.
Mindestens 40 min bei 200° im Backofen garen, dabei ab und zu
Stichproben machen. Mit Mandelplättchen garnieren.
Lauwarm mit Eis, Vanillesoße oder Schlagsahne serviert: köstlich!
Tipp: Statt getrockneter Aprikosen kann man auch Aprikosen
aus der Dose verwenden.

Apfel im süßen Schlafrock

ZUTATEN:

Hülle: Mürbeteig oder Blätterteig
Füllung: Marzipan oder Aprikosen-Mohn-Gemisch

ZUBEREITUNG:

Apfel schälen und Kerngehäuse ausstechen.
Um den Apfel nach dem Backen besser auf dem Teller
zerteilen zu können – für den Verzehr wird lediglich ein Löffel
gedeckt – den Apfel vor dem Ummanteln mit Teig in stehende
Stifte oder aufeinanderliegende Ringe schneiden.
Die Form des Apfels muss dabei erhalten bleiben.
Den Teig entsprechend der Größe des Apfels so
zurechtschneiden, dass er den Apfel komplett umschließt.
Den Verschluss über dem Stiel mit einem eigenen Teigstück
verzieren. Die Nahtstelle mit Eiweiß verkleben. Die Teigflächen
dünn mit Eigelb bestreichen. Im Backofen auf der mittleren
Schiene bei 200° goldbraun backen.

Pumpernickelpreiselbeerquark

ZUTATEN:

500 g Quark (20 % Fett)
1 Becher Joghurt
1 Becher Schmand
1 Glas Preiselbeeren
3-4 Scheiben zerbröselter Pumpernickel
ggf. Schokoladenstreusel

ZUBEREITUNG:

Quark mit Joghurt und Schmand glattrühren.
Preiselbeeren im Glas glattrühren. Schichtweise erst Quark,
dann Preiselbeeren, dann zerbröselten Pumpernickel in
eine Glasschüssel füllen.
Einen Tag vorher zubereiten und im Kühlschrank
durchziehen lassen.
Je nach Vorliebe mit Schokoladenstreuseln bestreuen.

Blütenrausch-Dessert

ZUTATEN:

1/4 l Weißwein und 1/4 l klarer ungesüßter Apfelsaft oder 1/2 l Apfelsaft,
2 TL Zitrone, 5 Blatt Gelatine, zum Stürzen lieber 6–7 Blatt,
3 EL Zucker, pro Portion eine Handvoll Beeren und kleine Früchte –
frisch oder tiefgefroren – in Würfel geschnitten,
4–6 Glasschalen, die sich zum Stürzen eignen,
Blütenblätter und kleine Blütenköpfe oder immergrüne Blätter.

ZUBEREITUNG:

Die Gelatine mit etwas Wasser in einer Tasse einweichen, dazu in ein nicht zu heißes Wasserbad stellen. Apfelsaft und Wein mit dem Zucker erwärmen, nicht kochen. Die Schalen mit kaltem Wasser ausspülen. In die eingeweichte Gelatine unter Rühren einige Tropfen vom warmen Saft gießen, sodass sie sich allmählich auflöst. Vorgang unter Rühren mit dem Schneebesen wiederholen, bis alles gelöst ist. Dann vorsichtig in das Gemisch von Saft und Wein eingießen, bis alles gut miteinander vermischt ist. In jede Schale so viel füllen, dass etwas mehr als der Boden gut bedeckt ist. Fängt die Masse an zu gelieren, kann man die Früchte einlegen. Man achte darauf, dass die Früchte schön gleichmäßig verteilt sind. Dann begießt man sie mit dem restlichen Gelee. Die Schalen über Nacht in den Kühlschrank stellen. Am nächsten Morgen löst man vorsichtig mit dem Messer den oberen Rand, stellt die Schalen kurz in heißes Wasser (wenn's beim ersten Mal nicht klappt, wiederholen) und stürzt den Inhalt dann auf Dessertteller. Jetzt darf man mit Blüten und Blättern dekorieren! Dazu ein kleines Baiser.

Brot & Gebäck

Apfel-Käse-Brot

ZUTATEN:

500 g Weizenmehl oder
Vollkornmehl
1 Tüte Weinsteinbackpulver
1-2 TL Salz
60 g Butter

4 grob geriebene Äpfel
mit oder ohne Schale,
je nach Geschmack
125 g geriebener
Emmentaler Käse
3 Eier

ZUBEREITUNG:

Aus Mehl, Backpulver, 1-2 TL Salz (je nach Geschmack und
Käsesorte) und Butter einen Teig kneten.
Grob geriebene Äpfel, Käse und Eier dazugeben und unterkne-
ten. Den Teig in eine mit Öl ausgefettete Kastenform geben.
Im vorgeheizten Ofen 90 min auf 180° backen, eventuell nach
der Hälfte der Zeit die Ofentemperatur reduzieren.
Köstlich mit frischer Butter und Kräutern oder Salz.
Dazu eine Tasse Tee oder Kaffee.

Dinkelbrot

ZUTATEN:

800 g Dinkelmehl
200 g Roggenmehl
2 Päckchen Hefe
50 g Instant-Sauerteig
250 g Apfelmus
3 TL Salz
je 1 TL Anis, Kümmel, Kardamom
700 ml Wasser

ZUBEREITUNG:

Alle Zutaten zu einem Teig verkneten und an einem warmen Ort
30 min gehen lassen, dann nochmal durchkneten. Entweder zu
einem Laib Brot formen und aufs Blech legen oder in eine
gefettete Kastenform geben. Oberseite mit Wasser bestreichen,
ein Töpfchen mit Wasser während des Backens auf dem Herdboden
macht die Kruste kross. 15 min bei 180° und 30 min bei 170° auf der
untersten Schiene backen.

Apfel-Dinkel-Vollkornbrot

ZUTATEN:

1 kg Dinkelvollkornmehl
1 Päckchen Hefe
750 g Apfelmus
Brotgewürze (Anis, Kümmel, Kardamom, Salz)

ZUBEREITUNG:

Alle Zutaten zu einem Hefeteig verkneten und an warmem Ort
30 min gehen lassen, dann nochmals kräftig durchkneten.
Entweder zu einem Laib Brot formen und aufs Blech legen
oder in eine gefettete Kastenform geben.
Oberseite mit Wasser bestreichen, ein Töpfchen mit Wasser
während des Backens auf dem Herdboden macht die Kruste
kross. Bei 175° auf der unteren Schiene 60 min backen.
Zum gemächlichen Auskühlen in ein festes
Leinentuch wickeln.

Roggenbrötchen mit Kümmel

ZUTATEN:

600 g Roggenmehl
400 g Weizenmehl
1 EL Salz
1 TL Kardamom
2 Päckchen Trockenhefe
100 g getrockneter Bio-Vollkornsauerteig
700 ml lauwarmes Wasser
2 EL Kümmel

ZUBEREITUNG:

Die Mehlsorten mit Salz, Kardamom, Trockenhefe und Sauerteig
vermischen. Das lauwarme Wasser zufügen und alles
miteinander verkneten. Aus dem Teig Brötchen formen und mit
einem Messer die Oberseite kreuzweise einkerben.
Jedes Brötchen kurz in den Kümmel tunken. Man kann auch grobes
Salz nehmen. Bei 180° auf der mittleren Schiene 25 min backen.

Apfel-Früchtebrot

ZUTATEN:

750 g geraspelte Äpfel
mit oder ohne Schale
200 g Zucker
200 g Rosinen
125 g Haselnüsse grob gehackt
500 g Mehl
2 Päckchen Backpulver

ZUBEREITUNG:

Äpfel, Zucker, Rosinen und Haselnüsse in einer Schüssel verrühren.
Unbedingt über Nacht durchziehen lassen – dadurch gewinnt
das Brot einen Karamellgeschmack. Mehl und Backpulver unter
die Apfelmasse rühren. In eine Kastenform geben.
35 min bei 180° – 200° backen.
Am besten gleich essen: eine Scheibe Brot – noch warm – mit
Frischkäse und Gelee bestreichen, dazu eine Tasse Tee oder Kaffee.

Rosa Apfelkuchen

ZUTATEN UND ZUBEREITUNG TEIG:

125 g Butter, 125 g Zucker, 250 g Mehl, 1 Ei,
1 Päckchen Vanillepulver, 1 Päckchen Backpulver

Sämtliche Zutaten zu einem Teig verkneten und in
einer 26 cm runden Backform einen Boden backen.

ZUTATEN UND ZUBEREITUNG BELAG:

750 ml Weißwein oder Apfelsaft, 2 Päckchen Vanillepudding,
250 g Zucker, 650 g geschälte Äpfel
200 g pürierte Himbeeren oder pürierte Sauerkirschen

Weißwein oder Apfelsaft mit Puddingpulver und Zucker nach
Vorschrift aufkochen. Äpfel und Himbeeren zufügen und
weichkochen. Die Masse auf den Tortenboden geben und
3 Stunden im Kühlschrank erkalten lassen.
Dazu geschlagene Sahne – köstlich!

Erdbeerherzkuchen

ZUTATEN:

Für den Teig:
200 g Mehl, 100 g Puderzucker, 100 g Butter, 1 Ei

Für den Mandelbelag:
50 g Mandeln, gemahlen, 50 g Zucker, 50 g Butter , 1 Ei

Für das Erdbeerpüree:
200 g Erdbeeren, 3 EL Zucker, 1/2 Tasse Apfelsaft,
2 Blatt weiße Gelatine

Für den Erdbeerbelag:
200 g Erdbeeren

ZUBEREITUNG:

Für das Teigherz benötigt man nicht unbedingt eine gekaufte Form. Man zeichnet einfach ein Herz auf das Backpapier, schneidet es aus und nutzt es als Formgrundlage.

Den gekneteten Teig für eine Stunde im Kühlschrank ruhen lassen. Die frischen Erdbeeren putzen und vierteln, Gelatine einweichen.
Den Ofen auf 180° vorheizen.
Den Teig ausrollen und zum Herzen ausschneiden, aus den Teigresten den Rand formen.
Anschließend kurz im Tiefkühler hart werden lassen, dann 10 min backen.
In der Zwischenzeit die gemahlenen Mandeln mit dem Ei und der Butter verrühren, auf dem warmen Teig verteilen und glattstreichen, dann für weitere 10–15 min zurück in den Ofen.
Eine schmackhafte Schicht entsteht, die den Boden vor dem Aufweichen bewahrt.
200 g Erdbeeren mit dem Zucker pürieren.
Die eingeweichte Gelatine ausdrücken, in heißem Apfelsaft auflösen. Den Gelatinesaft unter das Erdbeerpüree rühren und alles auf dem Mandelbelag verteilen.
Die restlichen 200 g Erdbeeren zügig auf dem Untergrund verteilen.

Apfelkuchen im Glas

ZUTATEN:

1 Becher Joghurt (150 g), 3 Eier, 2 Becher Zucker, 3 Becher Weizenmehl, 1 Päckchen Backpulver, 1 Becher Pflanzenöl,
6 Becher geschälte, kleingeschnittene, in Mehl gewälzte Apfelwürfel

ZUBEREITUNG:

Joghurt, Eier und Zucker mit dem Handmixer gut verrühren. Mehl und
Backpulver zufügen und untermengen. Pflanzenöl einrühren. Teig in 3 gut
eingefettete Weckgläser à 500 ml oder 5 Weckgläser à 250 ml einfüllen.
Bemehlte Apfelwürfel obenauf geben. Im vorgeheizten Ofen bei 175°
ca. 25 min backen. Heiße Gläser sofort mit einem nassen Gummi,
dem Glasdeckel und Metallklammern verschließen.
So ist immer frischer Kuchen im Haus! Haltbarkeit ca. 4 Wochen.

Der Basisteig ist übrigens großartig und vielfach verwendbar. Sehr lecker
schmeckt er auch mit Haselnüssen und Zitronenguss oder Schokolade oder
mit getrockneten, eingeweichten Aprikosen etc. Und selbst pur ist er ein
Genuss. Natürlich lässt sich der Kuchen auch auf dem Blech zubereiten.
Dann aber kürzer backen!

Apfelkrautplätzchen

ZUTATEN:

375 g Äpfel-Birnenkraut
50 g Zucker
100 g Butter
1 TL Zimt (zu Weihnachten)
1 TL Nelken
1 Messerspitze Kardamom
500 g Mehl
1 Tüte Backpulver

ZUBEREITUNG:

Apfelkraut, Zucker und Butter in einem Topf schmelzen.
Abkühlen lassen, dann mit dem Rest der Zutaten
zu einem Teig kneten.
Teig kühl stellen, dünn ausrollen und Förmchen ausstechen.
Im vorgeheizten Ofen 5 – 7 min bei 180° backen.

Apfelpralinen

ZUTATEN:

125 g Pflanzenmargarine
125 g Puderzucker
375 g feine Zartbitterschokolade, gerieben
5 EL Apfelschnaps
100 g Kakao zum Wälzen

ZUBEREITUNG:

Alle Zutaten bis auf den Kakao vermengen
und kleine Kugeln mit den Händen formen.
In dem Kakao wälzen und kühl stellen.
In Papierförmchen servieren.

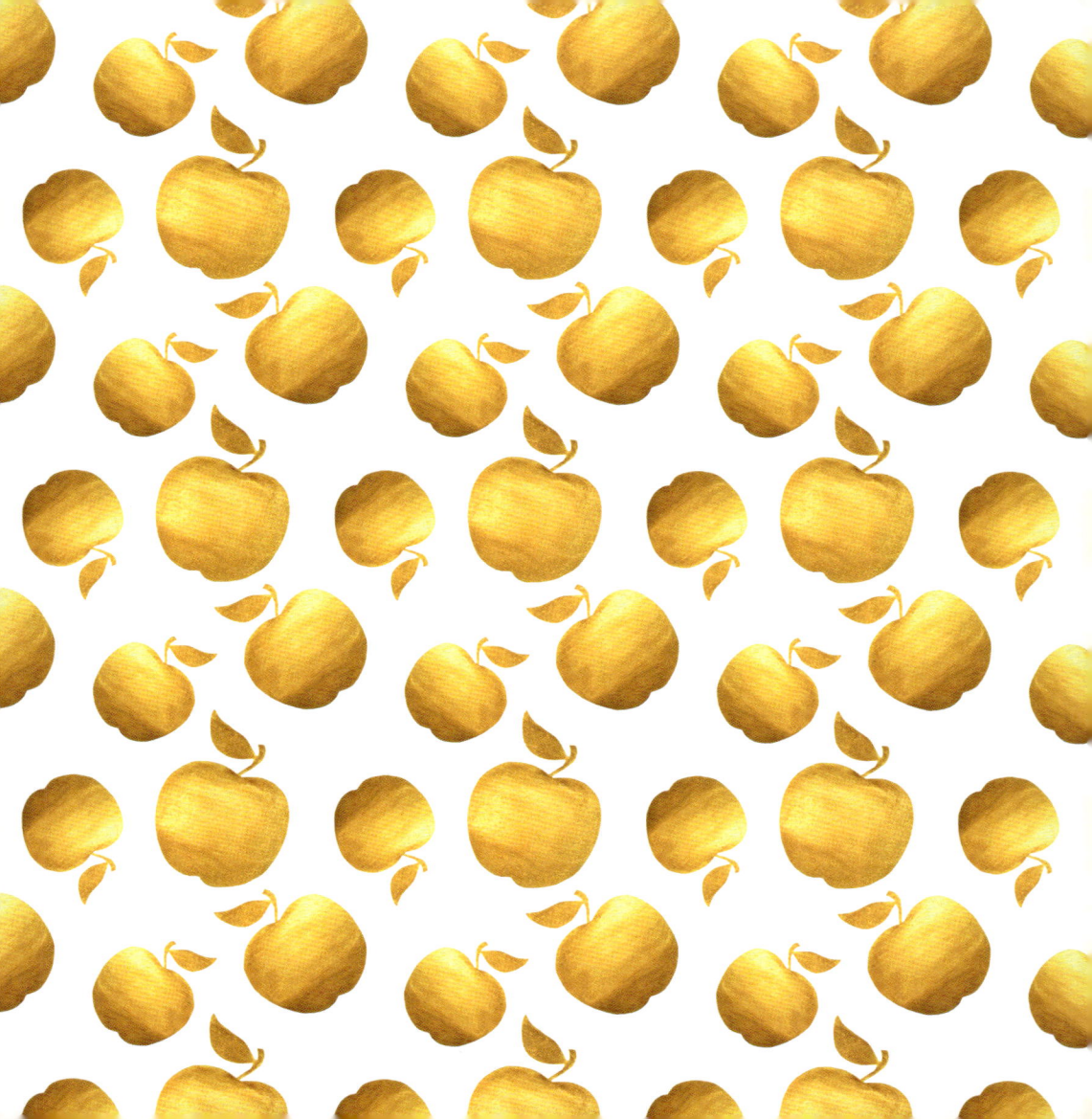

Marmeladen

Frühlingsfrische Holunder-Apfel-Marmelade

ZUTATEN:

12 Holunderblütendolden
1 l reiner Apfelsaft
2 EL Zitronensaft
1 kg Gelierzucker 1:1

ZUBEREITUNG:

Die abgewaschenen Holunderblüten über Nacht
in den Apfelsaft hängen.
Am nächsten Tag den Apfelsaft abseihen und mit dem
Zitronensaft und dem Gelierzucker aufkochen.
In Gläser füllen und einfach nur genießen.

Manchmal sind die einfachsten Dinge die besten!

Apfel-Himbeer-Marmelade

ZUTATEN:

500 g säuerliche Äpfel
500 g Himbeeren, gefroren
500 g Gelierzucker 1:1 oder 1:2

ZUBEREITUNG:

Die Äpfel schälen und raspeln.
Zusammen mit den Himbeeren und dem Zucker aufkochen
und in vorbereitete Gläser füllen.

Diese Marmelade schmeckt schön frisch und gibt schon einen
Vorgeschmack auf den kommenden Sommer.

Sommerliche Apfel-Möhren-Marmelade

ZUTATEN:

500g Äpfel
1 kg Möhren
1 Zitrone
750 g Zucker

ZUBEREITUNG:

Äpfel und Möhren klein schneiden.
Zitronenschale, Zitronensaft und etwas Wasser zugeben
und alles auf kleiner Flamme dick einkochen.
Zucker unterrühren und in vorbereitete Gläser füllen.

Herbstmarmelade

ZUTATEN:

800 g Aroniabeeren
800 g Äpfel
1 Zitrone
50 g gewürfelte Ingwerstücke
1 kg Gelierzucker
1/2 TL Zimt

ZUBEREITUNG:

Äpfel schälen, vierteln und klein schneiden. 200 g zur Seite stellen.
Aroniabeeren entstielen, waschen und gut trocknen. 600 g zur Seite
stellen. Aroniabeeren und Apfelstückchen im Topf zusammen mit
Zitronensaft und Zitronenschale, Ingwer, Zimt und Gelierzucker
4 min kochen lassen. Topf vom Herd nehmen und die zur Seite
gestellten Beeren und Apfelstückchen dazutun. Noch einmal kurz
aufkochen, damit es stückig bleibt. Die heiße Marmelade in
Einweckgläser füllen. Gläser mit sauberen Deckeln gut verschließen.
Nach dem Öffnen schnell verbrauchen.

Apfel-Weihnachtsmarmelade

ZUTATEN:

400 g Apfelstücke von geschälten Äpfeln
500 g reiner Orangensaft
300 g Zucker
1/2 TL Zitronensäure
300 g gemahlene Hasel- oder Walnüsse
oder gemahlene Mandeln
1 TL Zimt
1 Beutel Gelfix 1:3
Orangenlikör nach Belieben

ZUBEREITUNG:

Alles 4 min sprudelnd kochen lassen, dann die Nüsse
zufügen und in ausgespülte, noch heiße Gläser füllen.
Nach dem Öffnen zügig verbrauchen.

Über die Autorin

Daisy Gräfin von Arnim ist gelernte Buchhändlerin.
Nach der Wende zog sie mit ihrem Mann
ins Boitzenburger Land, wo die Familie von Arnim
jahrhundertelang beheimatet war.
Dort betreibt die Unternehmerin
das Apfel-Delikatessengeschäft „Haus Lichtenhain".

Daisy Gräfin von Arnim · Lichtenhain 25 · 17268 Boitzenburger Land
E-Mail: daisy.arnim@haus-lichtenhain.de